AF371010

# L'EDUCATION VIRILE

donnée

## EN PEINTURE PAR QUATRE TABLEAUX

inventés

PAR M. RIVIERA

traduite de l'Italien

PAR M. L'ABBÉ DU VAL - PYRAU

de plusieurs Académies & Sociétés littéraires.

*Misce stultitiam consiliis brevem.*

HORAT. L. 4. Od. 12.

à FRANCFORT

De l'Imprimerie d'Andrée 1776.

Naïant pû voir de fang froid les eftampes, dont cet écrit eft l'explication & la defcription, j'ai prié l'auteur à fon paffage à Francfort* pour Aix-la Chapelle & Spa, où il eft pour raifon de fanté, de me communiquer celles qu'il en a fait en Italien. Je les ai mis & je les donne en Français; des ouvrages de cette nature ne pourroient être jamais affés connus. Si l'on a jamais dit la vérité aux hommes, l'auteur la leur dit en peinture. Quand on voit ces tableaux, il femble que fon ame eut été trop refferrée en la répandant dans un livre de morale. L'œil méchanique femble lui avoir dit: *comprends ce que je te préfente;* & l'œil intellectuel paroit lui répondre: *vois fi j'ai compris.* C'eft un optique de réaction.

━━━━━━━━━

 Des

* C'eft là où j'ai vû les tableaux originaux.

es ſujets fortement conçus, la fantaiſie échauffée par leur nature & leur multitude, le deſir ardent de perſonifier tout à coup ſa penſée, de communiquer l'ame aux yeux, & le ſentiment au cœur, de mettre enfin ſous un ſens tous les reſſorts des mœurs, ont donné l'être à cet écuſſon de la ſcience ſur la peinture, dont les quatre paraboles ſuivantes ſont le germe & le fruit.

La prémiere déſigne & repréſente la généalogie des deſirs de l'homme. L'indigence primitive en eſt la tige, l'utile, le commode, l'agréable en forment la chaîne, l'oſtentation née des ſuccès heûreux l'allonge et produit l'arrogance qui en forme le dernier nœud. Celle-ci veut s'élever, embraſſer les nuës, & dans l'impuiſſance de les atteindre, elle épuiſe par le luxe & la violence la ſubſtance du genre humain, elle forge des foudres de celles-là qu'elle lance contre celui-ci & dont elle l'accable & le déſeſpére. La cenſure fronde la ſuprême des paſſions, & la nature indignée lui jure ſa décadence & ſa diſſolution.

Un

Un penfeur en obfervant ces caractères, & péfant les actions de ces images, voit tout à coup le mobile, le reffort & les gradations de la vie morale & touche en quelque forte, des doigts les dégrés par les quels les hommes, les familles & les nations paffent fucceffivement de leur inftitution à leur accroiffement, à leur élevation, à leur déclin, à leur chûte. Il y lit fes fautes ou fes dangers, rougit de fon arrogance ou cherche un afyle contre fes atteintes.

La feconde parabole le lui offre dans les vérités morales qu'elle voile: en fon fens toute opinion fondée fur l'imagination & établie par fes feux, eft exclue de cet afyle. Elle ftatue que la propriété intrinféque des chofes & de leur valeur réelle eft le principe effentiel, unique & fuffifant pour régler les mouvements de l'ame, les actions & les devoirs des états & pour les diriger conftamment au bonheur d'une vie utilement active & véritablement fociable. La preuve eft en ce que l'intelligence épure le cœur, le contient, le forme & l'affujettit à la vérité, corrige le luxe deftructeur de l'efpéce, & ennemi des mœurs, fait que la force au lieu d'infulter la raifon en fuit les lumières, & réduit la fomme des chofes conftitutives du bonheur folide de la fociété domeftique, civile & générale, à la fubfiftance rélative, à la défenfe légitime, & à la pratique des vertus morales. Par ce principe le penfeur voit d'un coup d'œil que l'arrogance eft une ufurpation faite par l'imagination fur le bon fens.



Une

Une autre efpéce d'arrogance, couverte pour tromper, vigilante pour atteindre, dangereufe à raifon de fa nature & du nombre de fes voiles, moins active en apparence, plus fure de fes effets, auffi effentielle à connoître pour le bonheur, que l'arrogance ouverte, eft le fujet de la troifieme parabole, où fous l'allégorie d'un fatyre affectant l'attitude & revêtu de l'appareil de la piété, l'hypocrifie eft dévoilée aux yeux du penfeur. Naturellement cruelle & rufée, elle couvre fes artifices du voile facré des Cieux, afflige faintement la terre, & l'exténue impunément par fes pieufes fcélérateffes. Elle ôte à la vertu fa gloire qu'elle s'approprie, en affecte le langage pour en avoir les honneurs, & l'imitant en tout pour en ufurper le pouvoir, elle s'éleve jufques fur les efprits en la foulant. La Majefté du Ciel & la fainteté de la vertu font les refforts qu'elle fait mouvoir pour fatisfaire fon avidité pour l'or, le pouvoir & l'ambition. Ce fpectacle affreux achéve de déciller les yeux du penfeur, met fous fes regards la néceffité de la précaution, & lui infpire de l'horreur pour l'impiété & la calomnie.

Aïant monté fon ame au niveau des objets, à portée de les apprétier & de diftinguer les chofes effentielles à fa confervation d'avec les idéales qui le détruifent, en état de juger fans confondre le zéle avec la mauvaife foi, le penfeur porte fes regards fur le fujet du quatrieme tableau. Là il voit l'univers d'un feul point de vue que cette parabole embraffe. Elle lui repréfente par allufion l'unité du fyftême du monde, & fimbolife en l'analyfant l'ordre éternel de la nature. De l'action continue du monde, la peinture

a figua figuré qu'il est doué de vie; de sa force vitale & active, de l'ordre, de la dépendance, de l'enchaînement des causes & des effets, elle a représenté que tous ses mouvements sont modifiés par les loix de l'harmonie.

Ne pourroit-on point dire que l'homme pensant au milieu de ces paraboles tourne en quelque sorte au tour de son être, en examinant ce qui l'environne? Séduit & étonné, accablé & éclairé n'y est-il pas forcé à sentir, lors même qu'il est forcé à penser? Placé entre les deux arrogances, il paroit qu'il doit y trouver le moïen de vivre d'une manière digne de la nature & de lui en se tenant à une égale distance d'elles.

Il est un point entre l'adolescence & l'age virile de l'homme, & ces paraboles l'occupent. Placées sur les bornes où l'un finit & l'autre commence, elles mettent sous les yeux du spectateur de cet âge la perspective immense du monde des hommes & de celui de la nature; sous cet aspect universel & permanent elles lui indiquent ce qu'il en doit raisonnablement penser, & par quels moïens il doit s'y gouverner.

Pour l'intelligence de cette lecture *pariétaire*, & pour qu'on ne rejette pas sur ses *lettres*, & ses *expressions*, c'est à dire, sur les paraboles, la difficulté qu'on pourroit avoir à les entendre, & enfin pour la facilité de ceux qui ne sont pas au fait de la signification des caractères hiéroglyphiques, simboliques & iconologiques, l'on joint ci-dessous le sens allégorique ou

méta-

métaphorique des figures & des images des chofes qui y font deſtinées à re-préſenter & à communiquer les idées. Par ce ſecours il ſera aiſé de ſaiſir les penſées cachées ſous ces figures, ajuſtées ſous ces attitudes & habillées en quelque ſorte par ces ſimboles : & l'obſervateur en ſuivant la chaîne de reflexions qu'elles offrent, pourra peut - être étendre les notions qu'il avoit déja, & fournir à ſon gout, & ne nuira ſurement pas à ſon ex-périence.

## PREMIER TABLEAU.

*L'ancien, le moderne, & l'éternel ſyſtême général du monde.*

L'homme nud au pied du tableau, appuié ſur ſon hoïau, empoignant un faiſceau d'ivroye & aïant une ſerpe au côté, eſt agriculteur.

La peau de brébis dont il a les reins couverts, & la vache qui eſt auprès de lui, indiquent qu'il eſt paſteur.

Le filet où ſont pluſieurs poiſſons marque qu'il eſt Pêcheur.

La tête de ſanglier percée d'un dard montre qu'il eſt chaſſeur.

L'agriculture, la paſtorale, la pêche & la chaſſe ſont les quatre arts primitifs & néceſſaires, à la charge desquels tout le genre humain ſubſiſte. Ce qui eſt exprimé par le globe de la terre poſé ſur les épaules du païſan qui les exerce & qu'on reconnoit à cette attitude pour le véritable Atlas.

La

La furface du globe eft parfemé de plufieurs inftruments. Les uns font allufion aux arts méchaniques utiles aux arts primitifs, les autres fe rapportent aux arts libéraux utiles à tous.

Deux volumes tombent de l'amas de ces piéces : ce font le droit de la nature & des gens, & les offices de Cicéron.

Au fommet du globe une béquille eft enfoncée dans le fein des arts, une poutre péfe fur elle en équilibre, la moitié de celle-ci eft brute, ronde, armée d'une tête de bêlier d'airain qui la termine; l'autre eft taillée en quarré, ornée de piéces de rapport & de bas reliefs, & fini cette partie de la poutre en un bufte vif de Borée qui dirige avec impétuofité fon foufle contre Himenée. Cette poutre arrangée transverfalement fur la béquille repréfente le balancier.

Le niveau dreffé fur le milieu du balancier avertit & montre de combien celui-ci panche vers l'une des deux extrémités.

La figure à chevauchon fur le balancier du côté de la tête de bêlier, repréfente Mars Dieu de la guerre.

La figure afiatique pofée à l'autre extrémité du balancier, gardée à vue par l'aigle de Jupiter, ornée d'un collier où pend une coupe d'or, repréfente Ganiméde ajufté à défigner le luxe : le cothurne dentelé dont l'un de

B

fes

ſes pieds eſt chauſſé, & l'écharpe dont il eſt ceint, font alluſion au luxe héroï-
que ;   le ſoc de l'autre pied , & la crête de paôn qui lui pouſſe de la tête par
un principe intérieur de vanité , déſignent le luxe efféminé ou comique.

La figure dans les nues qui tient de la main gauche deux girouëttes,
l'une de papier panchée vers Ganiméde, l'autre de feuilles de lauriers inclinée
vers Mars, & qui tient de la droite un bâton dont elle menace à bras levés
d'en frapper la tête de celui des deux qui s'éleveroit aſſés haut & à la portée
de lui arracher l'une des girouëttes.   Cette figure eſt Momus Dieu de la
repréhenſion , dont le génie étant d'épier les actions des Dieux & d'en
blâmer les abſurdes, ſe divertit de ce qu'il voit :

1º Les deux figures éclatantes , Mars & Ganiméde à chevauchon ſur
le balancier dont la béquille eſt l'appui,  marque d'infirmité & de miſère.

2. Le hors d'à plomb énorme où ils tiennent continuellement & alter-
nativement le balancier , c'eſt à dire le monde.

3. Incompatibles entre eux, par la néceſſité que l'un baiſſe pendant
que l'autre s'éleve.

4. Mars qui frappe des pieds, & de toute ſa force, les droits pour
atteindre en rebondiſſant la girouëtte de lauriers.

5. Ganiméde qui déchire les offices pour remporter celle de papier.

6. Le dommage qu'apporte à Himenée l'impétueux Boréas :  peu
content de l'avoir échévelé & renverſé, il lui a éteint trois méches de ſon
flambeau, le perſécuté couvre la quatrieme de ſon aîle, & la guarantit

d'une

d'une main, en invectivant contre le luxe compagnon inféparable de ce vent monftrueufement nuifible.

La nature repréfentée par une femme de bout, frémit d'indignation à la vue de fon ouvrage croulant, fe mord le doigt, regarde de travers, & menace les auteurs du bouleverfement. Son fceptre fpiral pointu exprime le reffort par lequel elle aiguillonne fes productions, & repouffe en les bleffant, les forces qui ofent faire violence à fes invariables loix. Les cercles d'airain hériffés de pointes dont elle eft ceinte, annoncent aux fens & à l'entendement l'impénétrabilité de fes fecrets.

L'Auteur renferme le fens moral de ce tableau en ces mots:

*L'arrogance abfurde au jugement de Momus,*

*Foule en danfant les arts, les talents & les loix.*

& pour fe faire pardonner la vanité de fe montrer peint fur la premiere toile de fon effai, il y eft en habit non emprunté; & fon nom eft écrit de fa main fur le deffous de fon foulier.


## SECOND TABLEAU.

### *L'Afyle Moral.*

La figure diaphane (fans corps folide) portant des aîles aux temples, pour marquer qu'elle folâtre fans ceffe, tenant d'une main un tambour basque, & de l'autre un fleau, repréfente l'imagination. Sa tête germe les fimboles des paffions les plus fréquentes.

B 2

Les

Les voici: la plume de pâon fait allusion à l'orgueil; la palme aux victoires; l'écusson aux marques extérieures des vertus pour les vertus; la trompette aux applaudissements de la renommée; l'ancre aux espérances inséparables des craintes; le collier de perles & les joïaux aux richesses & au luxe.

Le tambour basque marque le chatouillement par lequel l'imagination reveille dans les esprits d'une grande partie des hommes, des idées chimériques de plaisirs, de bonheur & d'élevation.

Le fleau signifie ce déchirement par lequel elle en tourmente une grande partie par les tristes préventions qu'elle a l'art d'aggrandir & par les soucis affligeants qu'elle fait dévorer. Par ces instruments simboliques, elle exerce sur ceux qui tombent sous son ascendant, ou ce charme qui fait rêver à des agréables *riens*, ou cette tyrannie qui déchire le cœur par les aiguillons d'une terreur panique, & très souvent l'un & l'autre ensemble.

Ce fantôme qui est le résultat de cet amas de pensées variées, flotte sur les têtes d'une multitude de personnes de différent sexe, d'age, de condition & d'inclination différentes, dont les visages & les attitudes expriment les divers buts aux quels elles visent, & les soucis dont elles sont affectées. Peu sont exemptes de ses atteintes & presque toutes sont soumises à l'influence plus ou moins grande de ce chatouillant tambour & du fleau rongeur.

Deux

Deux anciens philofophes, Héraclite & Démocrite obfervent les ha-
bitans de ce monde là. Le premier les déplore, il ne voit que mifère dans leurs
penfées & leurs actions; l'autre en rit, il les croit férieufement des inepties.

A la vue du perfonnage affis & habillé avec cette décence qui n'eft
pas affectée & qui convient aux Grands comme aux particuliers, au livre de
Marc-Aurele qu'il a fous la main fur le dos du quel on lit: *Marci-Aurelii-An-
tonini de fe ipfo ad fe ipfum*, où il a effaïé fon ame, généralifé fes idées & péfé
les chofes, l'on reconnoit aifément fon caractère; c'eft le penfeur, le héros
de la piéce.

Les trois épis entrelaffés dans les boutonnières de fon habit montrent qu'il poffède tout ce qu'il lui eft néceffaire pour fon honnête entré-
tient. Son épée a la raifon pour foureau, & indique le droit qu'il a de
fe défendre. Le calcul algébrique qu'on lit deffus prouve le premier, &
confacre l'autre.

Il tient une pipe allumée dont le foïer eft une répétition de la tête
aîlée de l'imagination & de fes ornements fimboliques & d'autres défignés
par L'*&c.* dont la pipe eft empreinte.

Cette pipe eft la coupelle défignatrice du bon fens, dans laquelle toutes les chofes qui n'ont que l'apparence du bien ou du mal, en font dé-

B 3

pouil-

14

pouillées lorsqu'elles font mifes à l'épreuve, & réduites à leur nudité, elles
avouent au palais, à l'odorat & à la vue leur effence particulière & leur véritable nature: en forte que l'entendement par le rapport que lui en font
les fens, difcerne, raifonne & décide; régle & dirige par l'expérience les
mouvemens de l'ame, les defirs & les averfions de la volonté.

Par la pofture de ce philofophe moderne, l'on voit qu'après avoir
pompé de fa pipe, il tourne fes regards vers l'imagination & le peuple
imaginant, les fixe; & dans le petit nuage de fumée qu'il exhale des lévres,
on peut lire le plaifir qu'il a de voir ces objets s'enfuir & s'évanoüir. Cela
doit d'autant plus l'amufer, que dans l'imagination & la pipe, ils paroif-
foient effraïants ou bienfaifants. La raifon l'a éclairé, le fentiment l'a fait
agir. Il refte tranquille.

L'afpic grillé renverfé par terre par le revers d'une autre pipe, dont
il avoit d'abord fait ufage, fignifie les reftes des fimboles évanoüis qui,
puifqu'ils font allufion à la plus grande partie des foucis des hommes, dé-
montrent qu'ils ne font dans leur réalité que fumée & afpic, c'eft à dire,
vanité & affliction d'efprit, & qu'il n'y a d'uniquement effentiel aux hommes, que la fubfiftance refpective, la défenfe légitime, & la culture de
l'efprit. Chofes que la pipe défignatrice du bon fens vérifie, & qui font re-
préfentées par les épis, l'épée, & par le livre de l'Empereur-philo-
fophe.

L'Epi-

L'Epigraphe que l'enfant fortant de derriere la toile déploie, contient le principe fondamental de tout le droit naturel, qui eſt la ſource du
bonheur individuel & ſocial.  C'eſt le but que l'Auteur ſe propoſe, & c'eſt
ce qu'il conclut & démontre dans la compoſition de ce ſecond ſyſtême
moral.

## E P I G R A P H E

*Connois : & tu ſeras tranquille ; tu aimeras, & tu ſeras aimé.*

Les caractères grecs ſe rapportent aux deux philoſophes.  Les premiers à Héraclite

*L'eſtime de ſoi même, eſt une épilepſie.*

Les autres à Démocrite

*Tout eſt atôme & vuide.*

## T R O I S I E M E   T A B L E A U.

### *Le  Satyre - Veſtale.*

L'objet dominant de ce tableau eſt un Satyre * avec les marques de
Veſtale. Il a les mains armées d'un ſerpent dont la langue ſert en guiſe de
gouge pour façonner le globe de la terre, ajuſté à un tour, & compoſé de

piéces

---

* La figure poëtique du Satyre importe deux caractères allégoriques.  Celui de
l'outrage par des paroles infamantes, par des faits tendant au mépris ou à la
dériſion.  L'autre de cupidité qui en veut à la vie, aux biens, & à l'honneur
d'autrui.

16

piéces allégoriques qui repréfentent l'humeur du Satyre & indiquent par là
qu'il en eft l'architecte.

Le tigre cruel, & le rufé renard font les fupports du tour:  Chacun
de ces animaux foutient de fa machoire un des pôles fur lequel le globe
tourne.

Au deffus de la tête du Satyre une partie de l'Arc-en-ciel * que
l'on voit dans les nues aboutit à plomb. Une fléche perce l'arc-en-ciel d'outre en outre, en s'y enfonçant elle y a introduit & entortillé la queuë du
plus long des vers, le Ténia; ** L'arc-en-ciel a été atteint & percé par
un autre Satyre qui l'arc à la main regarde avec complaifance fon coup &
fon effet affreux.

Le

* Arc-en-ciel, prénant la partie pour le tout, fignifie ici le ciel même.

** Le ténia eft un ver blanc qui s'engendre dans les entrailles de l'homme & d'autres
animaux: on le nomme ainfi à caufe de fa reffemblance à un ruban. Ce mot
fignifie en grec, toute forte de cordon plat & long. La longueur du ténia felon
Pline a plus de trois cent pieds; quelques uns prétendent qu'il eft compofé d'une
infinité de vermiffeaux qui fe tiennent les uns aux autres en forme de chaîne,
il tient fa tête à l'iffue de l'eftomac des animaux qui en font atteints, pour être
à portée d'avaler le jus des alimens qu'ils digérent, d'où il arrive que ces animaux languiffent & périffent de confomption. Le ténia a été emploïé ici pour
donner une image qui fut propre à exprimer les artifices par efprit malin, &
pour préfenter à la vue ce qui eft dit à l'entendement dans l'avant-propos.

Le Ténia emploïé au lieu de corde inféré dans la bleſſure de l'arc, s'étend du haud en bas, paſſe deux fois au tour de la poulie ſculptée en relief dans l'un des poles, & finit par garroter les bras d'une figure terraſſée dont il ſucçe les mamelles, & qu'on reconnoit à ſes marques être la Renommée * opprimée & forcée à ſe voir & à ſervir dans le méchaniſme du tour, à l'uſage abjet de pédale.

Tout étant ainſi diſpoſé, le Satyre fait tourner le globe ſous la gouge figurée par la langue du ſerpent, & cela en appuiant avec le pied par des fréquentes repriſes, ſur la poitrine de la Renommée qu'elle fait baiſſer & la contraint d'amener la corde à ſoi, & à courber l'arc; celui-ci en ſe rétabliſſant, releve la marche que le Satyre rabaiſſé par des nouvelles compreſſions, de ſorte que par ce tiraillement alternatif entre la pédale & l'arc, le globe tourne, en avant & en arrière toujours ratiſſé par la Tourneuſe, qui, ſous prétexte d'en régler la forme, en enleve la ſubſtance.

Pendant que l'infortunée Renommée git dolente ſous les meurtriſſures que lui fait le Satyre en la foulant aux pieds, un petit Satyre enragé ſaiſit les inſtans où l'arc ſe releve pour lui arracher la ſeconde aîle. Impatient de le conſi-

---

* Les poëtes font de la Renommée un perſonnage allégorique équivalent ici à la vertu.

configner à un autre petit Satyre fon complice occuppé à attacher la première qu'il vient de recevoir, aux épaules de la Tourneufe.

Plaute content dans fa mendicité, de gagner fon pain en tournant la meule, & en compofant quelque fable critique fans choquer perfonne, détefte la plus exécrable des perfidies, on diroit qu'il s'écrie en détournant la vue : *ah ! . . . . c'eft trop.* Comme Poëte il eft couronné de lauriers; le foc caractérife fon gout pour le comique. Les deux comédies *Saturio* & *Addictus* y font peintes. Il les a compofé dans le tems qu'il étoit encore garçon meûnier : on n'a pas oublié l'*Epidicus*, de toutes fes piéces, c'étoit celle qu'il cheriffoit le plus.

Qu'on rapporte les actions des quatre Satyres & du Ténia à la Tourneufe, & l'on trouvera peint en ce tableau tout ce qui a été dit de l'hypocrifie dans l'avant-propos.

## QUATRIEME TABLEAU.

### *La vie & l'œconomie de l'univers.*

L'on ne fçauroit entendre ce tableau fans la connoiffance préliminaire du caractère hiéroglyphique du Dieu Pan, & de la fignification poëtique de la grande chaîne qu'Homere a imaginé & que la mytologie a adopté.

Les

Les anciens qui penferent en philofophes & s'expliquerent en poëtes, envifagerent une nature univerfelle, comme principe & caufe unique dont tous les chofes de l'univers tirent leur origine; voulant enfuite faire paffer cette perception de l'entendement au fens, ils inventerent une Divinité qu'ils compoferent d'autant de fignes extérieurs qu'il y a de chofes effentielles à l'univers: ils l'appellerent *Pan*. Mot grec qui fignifie toute chofe. Par fiction poëtique, il eft fils de *Demogorgon*, célébré Dieu de la nature univerfelle. Il eft moitié homme, moitié chévre; fes deux cornes reffemblent aux raïons du foleil & de la lune; la vivacité de fa face rubiconde imite l'Ether & le feu célefte : fes extrémités inférieures couvertes de gros & rudes poils font allufion aux végétables & aux bêtes fauvages ; & les pieds de chévre à la folidité de la terre. La peau tachetée de Léopard dont il eft couvert, dénote le Ciel parfemé d'étoiles, la mer d'isles, la terre de fleurs, & les chofes particulieres diverfifiées dans leur fuperficie (qu'on peut appeller l'habit uniforme de chaque chofe) fa fyrinque indique l'harmonie par laquelle il régle les Cieux. Sa croffe ou bâton courbé par le bout, fignifie fon empire fur les animaux.

D'autres philofophes d'après Homère réfléchiffant que dans la nature les chofes font liées entre elles avec ordre, dépendance & un enchaînement qui prend fa fource dans la nature univerfelle, c'eft à dire *Pan*, & s'étend jusqu'à *Jupiter* fon modérateur; ont imaginé par une allégorie mythologique, la grande chaîne d'or dont les anneaux font allufion aux caufes phyfiques:

C 2

fon

son commencement tient à la terre & va se perdre dans l'infini par une géné-ration & un enchaînement continué de causes & d'effets, elle arrive au Ciel, le traverse, & son dernier anneau touche au trône de Jupiter. Par là les Poëtes philosophes expriment que la contemplation du monde visible nous éleve à la connoissance du grand Etre qui en est l'auteur.

Selon notre façon de concevoir les choses, le Ciel est comme la peau d'un ventre sphérique qui renferme les organes & les viscéres dont la machine *mondiale* est construite, de ce Ciel ou ventre, nous voïons la superficie intérieure concave, pendant que nous concevons que l'exterieur doit être convexe.

Cela posé: à la posture mystérieuse de la seule figure qui soit dans le tableau, l'observateur voit *Pan* posté un pied devant l'autre sur la terre entrécoupée d'eaux. Au dessus de sa tête est l'indice d'un vaste Ciel cristallin parsemé d'étoiles & de signes célestes. Ce Ciel paroit convexe pour qu'on comprénne qu'il renferme l'univers, sa figure extérieure est de cornemuse, puisqu'on y remarque le porte-vent, les deux bourdons & la flute à sept troux, qui étant plus expressive, a été substituée à la syringue. Par la même raison on se servira ci-après de la grande chaîne à la place du bâton pastoral.

*Pan* y est en acte de communiquer sa vie primitive & souveraine à l'univers, par l'infusion vigoureuse qu'il fait de son haleine ou de son esprit

dans

dans la cavité du Ciel par le porte - vent. Ses doigts fagement difpofés fur les troux du chalumeaux, il joue avec mefure le fon qui en réfulte : par cette harmonie il preferit aux étoiles dépuis vivifiées, les danfes par les-quelles elles font affujetties à tourner avec mefure & felon les loix.

Pour rendre vifible, à Ciel ouvert, comment par la nature mère commune des chofes, la vie univerfelle des êtres contenus dans ce Ciel foit modifiée & deftinée à la produftion d'autant d'effets & d'ufages qu'il y a d'êtres différenment conftruits & difcords en apparence ; quoi que tous foient combinés pour la formation d'un fyftême admirable & unique, où la nature eft à la fois une & éparfe, comment dis-je, cette vie foit modifiée moïennant la régle d'une harmonie réfultante du fon d'un feul inftrument & par la force d'une fuite de caufes invariables, qu'on remarque comment du col du pied avancé de *Pan* frappant la terre avec mefure part le premier anneau, & avec lui ceux de la chaîne des chofes, qui fecouée avec mefure & avec une progreffion continue (aïant d'abord communiqué fon mouvement aux chofes élémentaires, en fuite aux céleftes, & excité en paffant la nutrition dans les racines d'un arbre, fimbole de tous les genres végétatifs & fait un lien au tour de la jambe d'un courfier qui repréfente les animaux non libres, en qui elle opére la fenfation jointe à la végétation) franchit l'Ether, pénétre le Ciel, fe dérobe à la vuë, & va enfin s'attacher, comme le dit Homère, au pied du trône de Jupiter.

En reprenant les principaux raifonnemcnts qui coulent de l'arrange-
ment des piéces dont cette parabole vifible eft conftruite, la feule figure de
*Pan* fuffit pour montrer les deux parties de l'argument par les quatre actions
exprimées dans fon attitude, dont la première marque fon action qui vivifie
l'univers, & les autres l'œconomie, c'eft à dire, la diftribution de la vie
par les parties & les membres de cet univers.

1° Il pouffe fon foufle dans le cornemufe, comme s'il infufoit l'efprit
& la faculté d'action dans l'affemblage & dans l'effence des chofes qui forment l'univers.

2° Il donne la modulation au fon que le chalumeau rend dans le
moment de la vivification, exprimant par là qu'il met en action & dirige
fous les loix de l'harmonie l'exercice actuel de la vie, du monde en général
& de fes parties: effet indiqué dabord dans les étoiles dont l'harmonie régle les danfes. C'eft ainfi que Varron, Platon & d'autres appellent les tours
& les évolutions des aftres.

3° Il accorde par le même fon le mouvement du pied môteur de la
chaîne, pour marquer qu'il accompagne & fe foumet lui même aux loix de
l'harmonie dont il eft l'autheur.


Enfin il meut & fécoue la chaîne, qui, comme organe de fon corps,
naît de fon pied, défignant ainfi l'empire invariable & harmonieux par
le quel il répart l'efficace des caufes naturelles, & par leur force il deftine
la vie & la faculté productrice dans les êtres qui compofent l'univers,
à des

à des opérations rélatives à leur ftructure particuliere & concouran-
tes à la confonance du tout. D'où il arrive que la chaîne en con-
tinuant dans fon progrès les effets énoncés, force toute la nature à agir
fur fes individus phyfiques felon la regle unique qu'il obferve lui même
& qu'il prefcrit.

Au bas du tableau on voit des poiffons dont le gros tue ou dévore le
petit, & deux pigeons qui s'entre-baifent ou s'entre-béquetent: Les premiers
fimbolifent la deftruction, les autres la propagation & tous prouvent &
concilient la contradiction apparente de l'ordre de la nature.

L'on voit enfin un grouppe d'animaux de différentes efpéces dont
quelques uns déchirent le livre fur lequel on lit *Cartes: de methodo: bruta
agunt prout horologia.* L'ingénieux *Orang-outang* garde orgueilleufement celui
qui a pour titre *Locke de intellectu*, que le plus matériel des quadrupédes
léche favoûreufement par un inftinct de reconnoiffance. Les autres paroif-
fent applaudir, ces images rappellent le fouvenir des différentes opinions
qu'ont eu les philofophes au fujet de l'ame des bêtes.

Ariftote hors de la toile, montre à Alexandre les images de la végétative & de la fenfitive dans la peinture. L'obfervateur y voit l'exercice de
la rationale qu'il fent en lui même par les réflexions que lui fait faire ce
poëme bifarre.

Les

24

Les lettres écrites en grec fur le livre que tient Alexandre, difent: *Les qualités de l'ame font trois, végétative, fenfitive & rationale.* Celles qui font fculptées fur le piedeftal: *à Ariftote précepteur d'Alexandre. Olimpiade CIX.*

L'on comprend d'où l'idée de ce tableau eft tirée en lifant au bas de la toile : *Mater embrionem vivificans dictavit.*

F I N.